Fleurogami ist die ideale Technik für alle, die das Falten von Papier lieben.

Die Lilie ist ein klassisches Origamimotiv. Die wunderschönen Lilienblüten sind an sich schon sehr dekorativ und werden entweder auf einen Draht- oder Holzstiel geklebt oder an einem Faden aufgehängt.

Wem das nicht genug ist, der fertigt mehrere dieser Blüten an und fügt diese dann zu einer imposanten Blütenkugel zusammen. Da sich die Einzelblüten und die Kugelzusammenstellungen variieren lassen, haben Sie einen großen Gestaltungsspielraum. Lassen Sie sich von der gezeigten Falttechnik überraschen und faszinieren, und genießen Sie das blumige Faltvergnügen in vollen Zügen.

Ich wünsche Ihnen viel Spaß dabei!

Einzelne Lilie falten

1+2 Das Faltblatt zweimal diagonal falten und jeweils wieder öffnen. Das Blatt wenden.

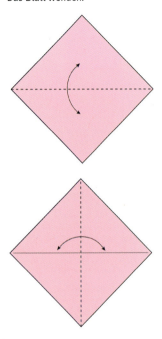

3, 4+5 Das Faltblatt zweimal auf die Hälfte falten und jeweils wieder öffnen. Das Blatt wenden.

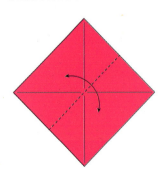

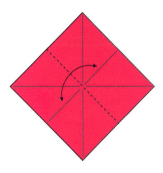

6 Die gestrichelten diagonalen Linien sind Tallinien, die Strichpunktlinien sind Berglinien. Dieses Quadrat lässt sich durch die Faltlinien in ein kleineres Quadrat falten.

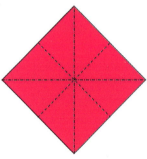

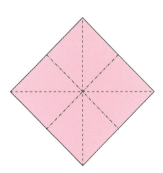

7 Die obere dreieckige Lage in Pfeilrichtung nach links falten und senkrecht stellen. (Blüte Typ D ist hier fertig, für A und B weiterfalten).

8+9 Dieses senkrecht gestellte Dreieck an der Oberseite in Pfeilrichtung aufspreizen, zu einer Drachenform festdrücken und dann falten.

10 Die restlichen drei Dreiecke ebenfalls senkrecht stellen und glattdrücken. Das Ganze hat jetzt eine Drachenform.

SO WIRD'S GEMACHT

11+12 Die beiden oberen Ecken der jeweils obersten Lage an den gestrichelten Linien zur Mitte falten. Es entsteht eine Raute.

16+17 Die so entstandene, nach unten weisende Spitze an der gestrichelten Linie in Pfeilrichtung nach oben falten. (Blüte Typ B ist hier fertig, für Typ A weiterfalten).

21 Noch drei Mal wiederholen. (Blüte Typ C ist hier fertig, für Typ A weiterfalten).

13 Noch drei Mal wiederholen. Das Ganze hat jetzt eine Rautenform.

18 Die oberste Lage der Raute an der Mittelsenkrechten von rechts nach links falten. Die Raute hat nun nur noch eine senkrechte Faltlinie in der Mitte.

22+23 Die Spitze der obersten Lage an der gestrichelten Linie als Blütenblatt nach unten falten.

14+15 Die beiden soeben zur Mitte gefalteten Ecken etwas aufklappen und die darunter liegende Lage an der gestrichelten Linie in Pfeilrichtung nach unten klappen.

19+20 Die beiden Ecken der obersten Lage von beiden Seiten an den gestrichelten Linien zur Mitte falten.

24 Die restlichen drei Blütenblätter ebenfalls nach unten falten.

25 Nun die Blütenblätter um 90° nach oben klappen, sodass sie seitlich abstehen.

3

Frühlingshafter Blütentraum

in frischen und leuchtenden Farben

MOTIVDURCHMESSER
ca. 14 cm

MATERIAL
* 5 Faltblätter in Hellgrün, 70 g/qm, 10 cm x 10 cm
* je 4 Faltblätter in Dunkelgrün, Hellgelb, Dunkelgelb und Hellorange, 70 g/qm, 10 cm x 10 cm
* Häkelgarn in Hellgrün, ca. 1 m lang
* 4 Holzperlen in Dunkelgrün, ø 6 mm
* 4 Holzperlen in Hellgelb, ø 8 mm
* 2 Glasschliffperlen in Grün, ø 1,2 cm

FALTUNG
Blüte A

1 Falten Sie gemäß der Anleitung auf Seite 2/3 pro Farbe vier Lilien Typ A.

2 Aus dem übrig gebliebenen hellgrünen Faltblatt schneiden Sie vier Papierscheiben, ø 3 cm, zu. Diese falten Sie so, wie auf der Umschlagklappe beschrieben.

3 Nun auf jede der vier Papierscheiben jeweils vier Lilien (eine in jeder Farbe) kleben und nach Anleitung zu einer Kugel zusammenkleben. Dabei den Aufhängefaden mit anbringen. Vermeiden Sie, dass zwei gleichfarbige Lilien nebeneinander angeordnet sind. Die übrigen vier Blüten werden zum Schluss in die Lücken der Lilienkugel geklebt.

4 Auf den Faden fädeln Sie die Perlen gemäß der Abbildung und fixieren diese mit Knoten und evtl. mit etwas Klebstoff in der gewünschten Position.

Mein Tipp für Sie

Farben abwandeln Diese Kugel sieht auch sehr schön in gemischten Pastelltönen aus, z. B. in Rosa, Hellblau, Hellgrün, Hellorange und Flieder. Probieren Sie verschiedene Farbzusammenstellungen aus.

EINFACHE LILIENKUGEL

Punkte über Punkte
fröhlich und niedlich

MOTIVDURCHMESSER
ca. 22 cm

MATERIAL
* 21 Faltblätter in Grün, 70 g/qm, 15 cm x 15
* 20 Faltblätter in Violett mit Punkten, 70 g/qm, 15 cm x 15 cm

FALTUNG
Blüte A

1 Falten Sie gemäß der Anleitung auf Seite 2/3 20 Lilien in Grün und Violett.

2 Aus dem übrigen grünen Faltblatt schneiden Sie vier Papierscheiben, ø 4,5 cm, zurecht. Diese gemäß der Anleitung auf der Umschlagklappe falten.

3 Kleben Sie nun auf jede der vier Papierscheiben jeweils vier grüne Lilien und fügen Sie alles gemäß der Grundanleitung zu einer Kugel zusammen.

4 Die restlichen vier grünen Blüten kleben Sie in die Lücken der Lilienkugel. Die violetten Blüten versetzt in die grünen Blüten stecken und festkleben.

Mein Tipp für Sie

Aktuelles Rot-Weiß Ganz modisch wirkt die Kugel, wenn Sie rotes Papier mit weißen Punkten verwenden. Anstelle der grünen Kugel können Sie auch eine weiße Lilienkugel arbeiten, in die Sie rote Blüten stecken oder umgekehrt.

EINFACHE LILIENKUGEL

Traumhafte Lilienkugel in Flieder
erinnert an Lavendelfelder

MOTIVDURCHMESSER
ca. 14 cm

MATERIAL
* 21 Faltblätter in Flieder,
  70 g/qm, 10 cm x 10 cm
* 3 Faltblätter in Dunkelviolett,
  70 g/qm, 10 cm x 10 cm
* Häkelgarn in Flieder, 1 m lang
  (Aufhängung), 20 m lang (Quaste),
  50 cm lang (Aufhängung Quaste)
  und 1 m lang (Abbinden der Quaste)
* 2 Plastikperlen in Flieder, ø 8 mm
* Holzperle in Flieder, ø 1,2 cm

FALTUNG
Blüte A und D

1 2

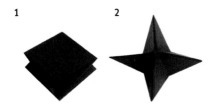

1 Falten Sie gemäß der Anleitung auf Seite 2/3 20 fliederfarbene Lilien, Typ A. Aus dem übrigen fliederfarbenen Faltblatt vier Papierscheiben, ø 3 cm, ausschneiden.

2 Die Papierscheiben nach Anleitung auf der Umschlagklappe falten. Nun auf jede der vier Papierscheiben jeweils vier fliederfarbene Lilien kleben und alles zu einer Kugel zusammenkleben. Die übrigen vier Blüten kleben Sie abschließend in die Lücken der Lilienkugel.

3 Für die Blütenmitten schneiden Sie aus den dunkelvioletten Faltblättern 20 je 3 cm x 3 cm große Quadrate zu. Jedes der Quadrate bis zum siebten Faltschritt falten (Blüte D) und die vier seitlichen Dreiecke so umklappen, dass sie wie ein Kreuz angeordnet sind, wenn man sie von oben anschaut (siehe Arbeitsschrittfoto 1 und 2). Das Ganze auf den Kopf stellen und so in eine der Lilienblüten kleben. Am einfachsten lässt sich die Blütenmitte mit einer Pinzette einsetzen.

4 Auf den unten überstehenden Faden die drei Perlen auffädeln und dann die Quaste (siehe Seite 29) anknoten.

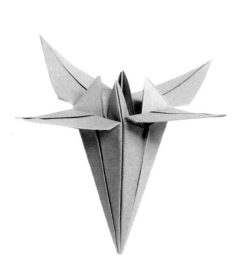

EINFACHE LILIENKUGEL

Transparente Blütenhänger

in elegantem Schwarz-Weiß

MOTIVDURCHMESSER
ca. 11 cm

MATERIAL
PRO BLÜTE
* Transparentpapier in Weiß mit schwarzem Rankenmuster, 115 g/qm, A4
* 2 Holzperlen in Schwarz, ø 8 mm
* Glasschliffperle in Kristall, ø 1,5 cm
* Häkelgarn in Schwarz, 80 cm lang
* Vorstechnadel

FALTUNG
Blüte A

1 Zuerst muss das Papier quadratisch zugeschnitten werden. Dazu das Papier diagonal so falten, dass an einer Seite ein 9 cm breiter Streifen übersteht. Diesen Randstreifen schneiden Sie mit dem Cutter am besten mithilfe eines Stahllineals ab. Das gefaltete Dreieck wieder öffnen.

2 Nun wird aus dem Papierquadrat gemäß der Anleitung auf Seite 2/3 eine Lilie gefaltet. Damit sie aufgehängt werden kann, die Blütenbasis mit einer Vorstechnadel durchstechen und das Häkelgarn durchziehen. Den Faden an der Blüte verknoten, dann auf den Faden eine Holzperle, eine Glasschliffperle und wieder eine Holzperle aufziehen.

3 Nun können die Blüten an einen Zweig, ein Geschenk oder ins Fenster gehängt werden.

Mein Tipp für Sie

Transparentpapiere Transparentes Papier ist in einer großen Auswahl, einfarbig oder gemustert, im Fachhandel erhältlich. Lassen Sie sich vom großen Angebot zu eigenen Kreationen anregen.

EINZELBLÜTE

Blütenrausch in Sonnengelb

holt die Sonne ins Haus

MOTIVDURCHMESSER
ca. 22 cm

MATERIAL
* 21 Faltblätter in Gelb, 70 g/qm, 15 cm x 15 cm

FALTUNG
Blüte A

1 Falten Sie gemäß der Anleitung auf Seite 2/3 20 Lilien, Typ A.

2 Aus dem übrigen Faltblatt schneiden Sie vier Scheiben, ø 3 cm, aus. Diese gemäß der Grundanleitung falten.

3 Nun können Sie auf jede der vier Papierscheiben jeweils vier Lilien kleben und diese dann zu einer Kugel zusammenkleben. Die übrigen vier Blüten abschließend in die Lücken der Lilienkugel kleben.

Mein Tipp für Sie

Abwandeln Möchten Sie eine Sonnenblumenkugel gestalten, so arbeiten Sie zusätzlich noch aus braunem Papier zwanzig Blüten (Typ D) und stecken Sie diese dann in die Lilien (siehe auch traumhafte Lilienkugel in Flieder, Seite 8/9).

EINFACHE LILIENKUGEL

Himmlische Blüten in Blau

herrlich frisch und sommerlich

MOTIVDURCHMESSER
ca. 17 cm

MATERIAL
* je 14 Faltblätter in Hellblau und Dunkelblau, 70 g/qm, 10 cm x 10 cm
* 2 Holzperlen in Dunkelblau, ø 8 mm
* Plastikperle in Hellblau, ø 1 cm
* Acryltropfen in Blau, 3,2 cm x 2 cm
* Häkelgarn in Dunkelblau, ca. 1 m lang

FALTUNG
Blüte A und B

1 Aus den hellblauen Faltblättern 14 Blüten Typ B gemäß der Anleitung auf Seite 2/3 falten. Die Blüten ausrichten, d. h. so umklappen, dass sie, von oben betrachtet, eine Kreuzform haben (siehe Arbeitsschrittfoto 1 und 2). Nun zunächst einen Stern aus sechs hellblauen Blüten kleben (siehe Umschlagklappe).

2 Aus den dunkelblauen Faltblättern 14 Blüten Typ A anfertigen (siehe Arbeitsschrittfoto 3). In die sechs Blüten des hellblauen Sterns sechs dunkelblaue Lilien kleben. In vier der restlichen hellblauen Blüten jeweils eine dunkelblaue Lilie kleben (siehe Arbeitsschrittfoto 4). Diese vier Doppelblüten so auf den Stern kleben, dass eine Halbkugel entsteht. Die Halbkugel wenden, vier weitere Doppelblüten anfertigen und aufkleben.

3 Auf den unten überstehenden Faden die Perlen gemäß Foto auffädeln. Damit die Perlen nicht verrutschen, den Faden an der gewünschten Stelle doppelt verknoten. Abschließend noch den Acryltropfen anbinden.

Hinweis: Diese Kugel ist auf der Umschlagklappe ausführlich beschrieben.

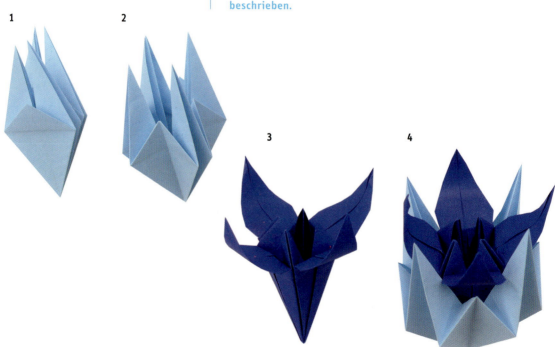

LILIEN-STERNKUGEL

Lilienstecker
toll im Blumentopf oder als Tischschmuck

BLÜTENDURCHMESSER
ca. 7,5 cm

MATERIAL PRO STECKER
* Faltblatt in Gelb, Orange oder Rot, 70 g/qm, 10 cm x 10 cm
* Faltblatt in Hell- oder Dunkelgrün, 15 cm x 15 cm
* Rundholzstäbchen, ø 3 mm, 15 cm lang
* UHU patafix (Haftknete)

FALTUNG
Blüte A und B

1 Falten Sie gemäß der Anleitung auf Seite 2/3 aus einem kleinen Faltblatt eine Lilie Typ A. Aus dem großen, grünen Faltblatt eine Blüte Typ B falten. Damit die Blüten auf das Stäbchen geschoben werden können, müssen Sie die Spitzen beider Blüten mit der Schere abschneiden.

2 Von der Haftknete ein Stück abzupfen, zu einer kleinen Kugel (ø 5 mm) formen, auf ein Ende des Rundholzstäbchens stecken und andrücken. Das andere Ende des Stäbchens von oben durch die farbige Lilienblüte Typ A stecken, bis sich die Knetkugel innen in der Blütenspitze befindet. Die Blütenspitze etwas zusammendrücken, damit die Blüte auf dem Stäbchen fixiert ist.

3 Aus einer zweiten Knetkugel (ø 1 cm) eine Wurst formen und diese 4 cm vom anderen Stäbchenende entfernt um das Stäbchen legen. Nun die zweite Blüte als Blätter ebenfalls von oben her auf das Stäbchen stecken, bis sich der Knetring in der Blütenspitze befindet. Bevor die Blütenspitze leicht zusammengedrückt wird, werden die Blätter kreuzförmig ausgerichtet.

Mein Tipp für Sie

Variieren Auf diese Art können Sie jede Blüte zu einem Stecker gestalten. Egal, ob frühlingshaft, sommerlich oder weihnachtlich, ein festlich gedeckter Tisch oder Ihre Zimmerpflanzen bekommen so einen wunderschönen, individuellen Schmuck.

EINZELBLÜTEN

Lilienkugel in Sommerfarben
mit abgerundeten Blüten

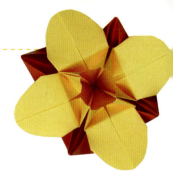

MOTIVDURCHMESSER
ca. 17 cm

MATERIAL
* je 14 Faltblätter in Dunkelrot und Hellorange, 70 g/qm, 10 cm x 10 cm

FALTUNG
Blüte A und B

1 Aus den dunkelroten Faltblättern 14 Blüten Typ B gemäß der Anleitung auf Seite 2/3 falten. Die Blüten ausrichten, d. h. so umklappen, dass sie, von oben betrachtet, eine Kreuzform haben. Nun zunächst einen Stern aus sechs dunkelroten Blüten kleben.

2+3 Aus den orangefarbenen Faltblättern 14 Lilienblüten Typ A anfertigen. Deren Spitzen runden Sie mit der Schere etwas ab.

4 In den aus sechs dunkelroten Blüten bestehenden Stern sechs orangefarbene Lilien kleben. In vier der restlichen dunkelroten Blüten jeweils eine orangefarbene Lilie kleben.

5 Die vier Doppelblüten so auf den Stern kleben, dass eine Halbkugel entsteht. Die Halbkugel wenden, vier weitere Doppelblüten anfertigen und aufkleben.

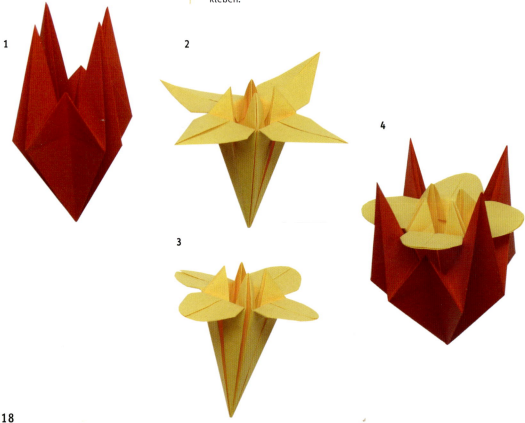

LILIEN-STERNKUGEL

Schick im Mustermix
ganz modern

MOTIVDURCHMESSER
ca. 22 cm

MATERIAL
* 14 Faltblätter in Grün, 70 g/qm, 15 cm x 15 cm
* je 7 Faltblätter in Rosa mit roten Punkten und in Rosa mit Rankenmuster, 70 g/qm, 15 cm x 15 cm

FALTUNG
Blüte A und B

1 Aus den grünen Faltblättern 14 Blüten Typ B gemäß der Anleitung auf Seite 2/3 falten. Aus den rosa gemusterten Faltblättern jeweils sieben Lilienblüten Typ A anfertigen.

2 Kleben Sie zunächst einen Stern aus sechs grünen Blüten (siehe Umschlagklappe). In die Blüten des Sterns abwechselnd sechs unterschiedlich gemusterte rosa Lilien kleben. In vier der restlichen grünen Blüten jeweils eine rosa Lilie kleben.

3 Diese vier Doppelblüten so auf den Stern kleben, dass eine Halbkugel entsteht. Die Halbkugel wenden, vier weitere Doppelblüten anfertigen und aufkleben.

Variante

Mustermix Hier sehen Sie eine Variante im noch auffälligeren Mustermix. Wenn die Farben so gut harmonieren wie hier, wirkt die Kombination aus mehreren Mustern stimmig und harmonisch.

LILIEN-STERNKUGEL

Lichterkette mit blauen Lilien

wunderschöne Geschenkidee

BLÜTENDURCH-MESSER
ca. 11 cm

MATERIAL
* 10 Faltblätter aus Seidenraupen-Transparentpapier in Blau, 42 g/qm, 14 cm x 14 cm
* Lichterkette in Weiß mit 10 Birnchen

FALTUNG
Blüte A

1 Falten Sie gemäß der Anleitung auf Seite 2/3 10 Lilien. Von jeder Lilie an der Blütenbasis 1 cm abschneiden, damit sie auf die Lichterkette gesteckt werden können.

2 Von oben mit einem Finger in die Blüte fassen und die Blütenbasis so erweitern, dass die Blüte über ein Birnchen der Lichterkette samt Fassung gestülpt werden kann. An der jetzt etwas überdehnten Blütenbasis die gelockerten Faltungen korrigieren.

3 Tragen Sie rundum auf die Fassung wenig Klebstoff auf, schieben Sie die Blütenbasis über den Klebstoff und drücken Sie die Blüte leicht an.

Variante

Papier variieren Aus jedem Transparentpapier können Sie sich eine Lichterkette anfertigen. Da es meist nur in DIN A4 angeboten wird, müssen Sie sich quadratische Faltblätter mithilfe eines Cutters und Stahllineals selbst zuschneiden.

EINZELBLÜTEN

Frühlingsfrische Osterglocken
wunderschöne Dekoration für die Frühlingszeit

MOTIVDURCHMESSER
ca. 24 cm

MATERIAL
* 21 Faltblätter in Gelb mit Streifenmuster, 70 g/qm, 15 cm x 15 cm
* 20 Faltblätter in Orange, 70 g/qm, 10 cm x 10 cm

FALTUNG
Blüte A und C

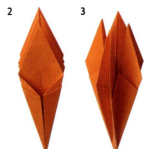

1 Falten Sie gemäß der Anleitung auf Seite 2/3 20 gelbe Lilien (siehe Arbeitsschrittfoto 1). Das übrige gelbe Faltblatt benötigen Sie zur Herstellung von vier Papierscheiben, ø 4,5 cm.

2 Die Papierscheiben gemäß der Grundanleitung ausschneiden und falten. Nun auf jede der vier Papierscheiben jeweils vier gelbe Lilien kleben und nach Anleitung zu einer Kugel zusammenkleben. Die übrigen vier Blüten abschließend in die Lücken der Lilienkugel kleben.

3 Aus den orangefarbenen Faltblättern 20 Blüten Typ C falten. Die Blüte ausrichten, d. h. so umklappen, dass sie, von oben gesehen, eine Kreuzform hat (siehe Arbeitsschrittfoto 2 und 3). Diese Blütenmitten in die gelben Blüten kleben.

Mein Tipp für Sie

Dekorationsidee Ihren Ostertisch können Sie schön mit einer Kugel dekorieren, die Sie in eine Glasschale oder in einen mit Moos gefüllten Korb legen. Einzelblüten können Sie auf den Tellern dekorieren oder an den Osterzweig hängen.

EINFACHE LILIENKUGEL

Elegante Lilien
schlicht und edel

BLÜTENDURCHMESSER
ca. 13 cm

**MATERIAL
PRO BLÜTE**
* Faltblatt in Weiß, 80 g/qm, 15 cm x 15 cm
* Faltblatt aus Seidenraupen-Transparentpapier in Gelb, 42 g/qm, 10 cm x 10 cm
* Aludraht in Weiß, ø 2 mm, 30 cm lang
* UHU patafix (Haftknete)

FALTUNG
Blüte A und B

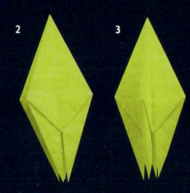

1 Falten Sie gemäß der Anleitung auf der Umschlagklappe eine weiße Lilie. An der Blütenbasis mit der Schere die Spitze abschneiden, hier wird der Aludraht als Blütenstiel eingesteckt und eingeklebt (siehe Arbeitsschrittfoto 1).

2 Aus dem kleineren gelben Faltblatt falten Sie eine Blüte Typ B. Richten Sie sie aus, indem Sie sie so umklappen, dass sie, von oben betrachtet, eine Kreuzform hat (siehe Arbeitsschrittfoto 2 und 3). Diese Blüte in die weiße Lilienblüte kleben.

3 Aus Klebeknete eine Kugel (ø ca. 1 cm) formen, mit etwas Klebstoff bestreichen und auf ein Drahtende aufstecken. Das andere Drahtende von oben durch die Blüte stecken, bis sich die Knetkugel in der Blütenspitze befindet. Diese etwas zusammendrücken und den Klebstoff trocknen lassen.

Mein Tipp für Sie

Anwendung Toll sehen die Lilien aus, wenn Sie gleich mehrere zusammen z. B. an einen Leuchter hängen. Sie eignen sich auch hervorragend als Geschenkanhänger.

EINZELBLÜTEN

Grüße aus dem Orient

üppig und in warmen Farben

EINFACHE LILIENKUGEL

1 Falten Sie gemäß der Anleitung auf Seite 2/3 20 Lilien. Das übrige Faltblatt benötigen Sie zum Zuschneiden von vier Papierscheiben, ø 4,5 cm.

2 Die Papierscheiben nach der Grundanleitung auf der Umschlagklappe ausschneiden und falten. Nun auf jede der vier Papierscheiben jeweils vier Lilien kleben und nach Anleitung zu einer Kugel zusammenkleben. Die übrigen vier Blüten abschließend in die Lücken der Lilienkugel kleben. Sollten noch Lücken vorhanden sein, können Sie noch zwei weitere Lilien arbeiten und einkleben.

3 Auf den unten überstehenden Faden die drei Perlen auffädeln und dann die Quaste anbinden.

Eine Quaste anfertigen

1 Das Häkelgarn (gelb) 50 Mal um ein ca. 20 cm breites Buch wickeln = 50 x 40 cm = 20 m. Nun den 50 cm langen Aufhängefaden (grün) durchziehen und fest verknoten.

2 Den gewickelten Faden vom Buch abziehen (Zeichnung 1). Mit einem 1 m langen Faden (rot) das Ganze abbinden. Dazu den Abbindefaden an das Fadenbündel anlegen (Zeichnung 2).

3 Ein Fadenende zeigt nach oben, das andere Fadenende zu einer Öse nach unten legen. Das Fadenende wieder nach oben legen und dann das ganze Fadenbündel mit diesem Fadenende sehr fest von oben nach unten 1,5 cm bis 2 cm umwickeln (Zeichnung 3).

4 Das Fadenende durch die unten sichtbare Öse ziehen (Zeichnung 4).

5 Nun das andere nach oben weisende Fadenende so weit anziehen, bis die Öse und der Anfang des anderen Fadens in der Fadenwicklung verschwunden ist (Zeichnung 5).

6 Beide Fadenenden abschneiden. Erst jetzt das Fadenbündel unten abschneiden, damit eine Quaste entsteht (Zeichnung 6).

MOTIVDURCHMESSER
ca. 22 cm

MATERIAL
* 21 Faltblätter mit Paisleymuster in Orange-Rot, 90 g/qm, 15 cm x 15 cm
* Häkelgarn in Orange, 1 m lang (Aufhängung), 28 m lang (Quaste), 50 cm lang (Aufhängung Quaste) und 1 m lang (Abbinden der Quaste)
* 2 Glasschliffperlen in Orange, Doppelkegel, ø 1,5 cm
* Glasschliffperle in Orange, rund, ø 1,5 cm

FALTUNG
Blüte A

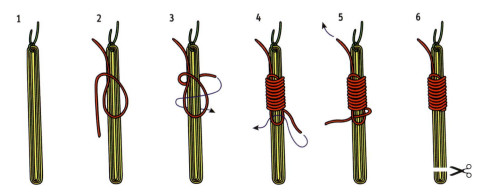

Dekorative Lilienblütenhänger

schlicht und dennoch wirkungsvoll

BLÜTENDURCHMESSER
ca. 15 cm

**MATERIAL
PRO BLÜTE**
* Faltblatt aus Batikpapier in Orange mit Rankenmuster, 120 g/qm, 20 cm x 20 cm
* Glasschliffperle in Orange, ø 1,5 cm
* 3 Holzperlen in Schwarz, ø 8 mm
* Holzperle in Schwarz, ø 1,2 cm
* Häkelgarn in Schwarz, 1 m lang
* Vorstechnadel

FALTUNG
Blüte A

1 Falten Sie gemäß der Anleitung auf Seite 2/3 eine Lilie. Damit der Aufhängefaden angebracht werden kann, die Spitze an der Lilienbasis ca. 5 mm abschneiden.

2 20 cm von einem Fadenende entfernt eine kleine schwarze Holzperle anknoten. Auf das kürzere Fadenende eine kleine Holzperle, die Glasschliffperle und eine weitere kleine Holzperle auffädeln. Die zuletzt aufgefädelte Perle so anknoten, dass zwischen ihr und der ersten Perle ein Abstand von 13 cm ist.

3 Das lange Fadenende von unten mit der Vorstechnadel durch die Lilienblüte ziehen. Die einzelne kleine Perle liegt nun innen an der Blütenbasis und hält die Blüte, während an der Unterseite die Perlendreiergruppe sichtbar ist. Auf den langen Faden noch die große Holzperle auffädeln und abschließend noch eine Öse binden.

Mein Tipp für Sie

Dekoidee Die Blüten können Sie als Mobile aufhängen oder Sie binden sie an die Gardinenstange.

EINZELBLÜTEN

Armin Täubner lebt mit seiner Familie auf der Schwäbischen Alb und ist seit über 25 Jahren erfolgreich als ungemein vielseitiger Autor für den frechverlag tätig. Eigentlich ist er Lehrer für Englisch, Biologie und Bildende Kunst. Durch seine Frau, die unter ihrem Mädchennamen Inge Walz noch heute Bücher zu den verschiedensten Techniken im frechverlag veröffentlicht, kam der Allrounder zum Büchermachen. Zweifelsohne ein Glücksfall für die kreative Welt! Es gibt fast kein Material, das Armin Täubners Fantasie nicht beflügelt, und kaum eine Technik, die er sich nicht innerhalb kürzester Zeit angeeignet hat. Sein liebstes Material ist und bleibt aber Papier.

DANKE!

Wir danken den Firmen Heyda, Hagen, Ludwig Bähr, Kassel und nice papers, Berlin

TOPP – Unsere Servicegarantie

WIR SIND FÜR SIE DA! Bei Fragen zu unserem umfangreichen Programm oder Anregungen freuen wir uns über Ihren Anruf oder Ihre Post. Loben Sie uns, aber scheuen Sie sich auch nicht, Ihre Kritik mitzuteilen – sie hilft uns, ständig besser zu werden.

Bei Fragen zu einzelnen Materialien oder Techniken wenden Sie sich bitte an unseren Kreativservice, Frau Erika Noll.
mail@kreativ-service.info
Telefon 0 50 52 / 91 18 58

Das Produktmanagement erreichen Sie unter:
pm@frechverlag.de
oder:
  frechverlag
  Produktmanagement
  Turbinenstraße 7
  70499 Stuttgart
  Telefon 07 11 / 8 30 86 68

LERNEN SIE UNS BESSER KENNEN! Fragen Sie Ihren Hobbyfach- oder Buchhändler nach unserem kostenlosen Kreativmagazin **Meine kreative Welt**. Darin entdecken Sie vierteljährlich die neuesten Kreativtrends und interessantesten Buchneuheiten.

Oder besuchen Sie uns im Internet! Unter **www.frechverlag.de** können Sie sich über unser umfangreiches Buchprogramm informieren, unsere Autoren kennenlernen sowie aktuelle Highlights und neue Kreativtechniken entdecken, kurz – die ganze Welt der Kreativität.

Kreativ immer up to date sind Sie mit unserem monatlichen **Newsletter** mit den aktuellsten News aus dem frechverlag, Gratis-Bastelanleitungen und attraktiven Gewinnspielen.

IMPRESSUM

FOTOS: frechverlag GmbH, 70499 Stuttgart; Armin Täubner (Seite 32 und alle Arbeitsschrittfotos und Freisteller); lichtpunkt, Michael Ruder, Stuttgart (alle übrigen)
ZEICHNUNGEN: Armin Täubner
PRODUKTMANAGEMENT UND LEKTORAT: Claudia Mack
LAYOUT: Marta Abramczyk
DRUCK: frechdruck GmbH, 70499 Stuttgart

Materialangaben und Arbeitshinweise in diesem Buch wurden von dem Autor und den Mitarbeitern des Verlags sorgfältig geprüft. Eine Garantie wird jedoch nicht übernommen. Autor und Verlag können für eventuell auftretende Fehler oder Schäden nicht haftbar gemacht werden. Das Werk und die darin gezeigten Modelle sind urheberrechtlich geschützt. Die Vervielfältigung und Verbreitung ist, außer für private, nicht kommerzielle Zwecke, untersagt und wird zivil- und strafrechtlich verfolgt. Dies gilt insbesondere für eine Verbreitung des Werkes durch Fotokopien, Film, Funk und Fernsehen, elektronische Medien und Internet sowie für eine gewerbliche Nutzung der gezeigten Modelle. Bei Verwendung im Unterricht und in Kursen ist auf dieses Buch hinzuweisen.

Auflage:	6.	5.	4.	
Jahr:	2014	2013	2012	2011	[Letzte Zahlen maßgebend]

© 2010 **frechverlag** GmbH, 70499 Stuttgart

ISBN 978-3-7724-3844-8 • Best.-Nr. 3844